BAŚNI
Hansa Christiana Andersena
i nie tylko...

BAŚNIE
Hansa Christiana
Andersena
i nie tylko...

Spis treści

Nowe szaty cesarza

Dawno, dawno temu żył cesarz, który uwielbiał stroje nad wszystko inne. Zamiast dbać o swoich podwładnych, wydawał pieniądze na coraz to nowsze eleganckie ubrania. I nic nie uszczęśliwiało go bardziej niż paradowanie w nowych kreacjach przed podwładnymi, którzy mieli wówczas okazję do komplementowania cesarskiego wyglądu.

Pewnego dnia do pałacu cesarza przybyło dwóch sprytnych oszustów.

– Ten naiwny cesarz tak bardzo kocha modę, że z łatwością sprawimy, że obsypie nas złotem – stwierdzili zgodnie.

I tak oszuści poszli się przedstawić władcy.

– Jesteśmy najzdolniejszymi krawcami na świecie – oświadczyli. – Uszyjemy dla Waszej Wysokości najpiękniejszy strój, jaki kiedykolwiek widziano.

Z początku cesarz nie dowierzał ich słowom.

– Już widziałem wszystkie najpiękniejsze stroje świata – powiedział. – Czym wy dwaj możecie mnie zaskoczyć?

– Potrafimy utkać magiczny materiał – powiedzieli oszuści. – Jego kolor jest wyjątkowo soczysty, a wzór niepowtarzalny! Ten materiał jest tak wspaniały, że widzą go jedynie najmądrzejsi ludzie na świecie. Dla głupców lub osób, które nie zasługują na swoją posadę, pozostanie on niewidoczny.

– Brzmi zachęcająco – odparł cesarz i klasnął w dłonie. – Jeśli będę miał strój uszyty z tego materiału, od razu będę wiedział, który z moich ministrów powinien stracić posadę, i już nigdy nie będą mnie otaczali głupcy.

Złodzieje spojrzeli po sobie i uśmiechnęli się zadowoleni.

– Ten magiczny materiał jest jednak niezwykle kosztowny – powiedział jeden z nich. – Nie jesteśmy pewni, czy Wasza Wysokość może sobie na niego pozwolić.

– Bzdury! – zawołał cesarz. – Proszę, macie po worku srebrnych monet, to wam powinno wystarczyć.

Oszuści opuścili pałac z workami pełnymi pieniędzy i kupili dwa duże krosna do tkania materiału.

A że opowieść o magicznym materiale była całkiem zmyślona, nie mieli zamiaru nic robić.

Przez wiele tygodni fałszywi krawcy wydawali pieniądze na przyjemności i próżnowali. Wreszcie pewnego dnia rozległo się pukanie do drzwi. Odwiedził ich cesarz wraz ze swoją świtą.

– Przyszliśmy zobaczyć, jak postępuje praca nad moim strojem – oświadczył cesarz.

Oszuści podeszli do pustego krosna i zaczęli machać nożyczkami w powietrzu.

– Proszę spojrzeć, Wasza Wysokość – powiedział jeden z nich. – Czy kiedykolwiek widziałeś piękniejszą tkaninę?

Cesarz był zdumiony. Nie dostrzegał przed sobą żadnego materiału.

„O, nie!" – pomyślał. „Sprawdziło się to, czego się zawsze obawiałem. Albo jestem głupi, albo nie zasługuję na swój tytuł. Nikt nie może się o tym dowiedzieć – w przeciwnym razie zabiorą mi koronę!"

Do oszustów zaś rzekł:

– Rzeczywiście jest to najpiękniejszy materiał, jaki kiedykolwiek widziałem.

Oszuści pokazali niewidzialny materiał również świcie cesarza. Każdy ze służących i dworzan pomyślał sobie to samo: „Jestem

zbyt głupi, żeby zobaczyć materiał, albo niegodny swojego stanowiska. Będę udawać, że widzę szatę, żeby cesarz mnie nie ukarał".
Wszyscy służący cesarza wyrazili swoje zachwyty tkaniną i podziwiali kunszt krawców.

I tak cesarz bez wahania wręczył oszustom pieniądze.

– Oczywiście, żeby skończyć pracę, potrzebujemy kolejnego worka srebrnych monet – oznajmili oszuści. – W końcu nie chciałby cesarz wyjść do podwładnych w niedokończonej szacie, prawda?

Na te słowa cesarz bez zawahania wręczył im pieniądze.

Minęło wiele kolejnych tygodni i oszuści w końcu wrócili do pałacu.

– Skończyliśmy strój, Wasza Wysokość – oświadczyli.

Zaprowadzili władcę do garderoby i udawali, że zakładają na cesarza misternie uszytą kreację.

– Materiał jest bardzo lekki, więc czują go jedynie osoby o bardzo delikatnej skórze – powiedział jeden z oszustów.

Cesarz nie czuł absolutnie nic, ale nie chciał wydać się gruboskórny.

– Och, tak – przyznał – jest lżejszy od powietrza.

Kiedy złodzieje skończyli przymiarki, odsunęli się i spojrzeli na cesarza stojącego w samej bieliźnie.

– To nasze najlepsze dzieło! – stwierdzili. – Wasza Wysokość wygląda jak najmodniejszy człowiek na świecie!

Cesarz wezwał dworzan i razem wybrali się na przechadzkę po ulicach miasta. Wszyscy słyszeli już pogłoski o magicznym materiale. Nikt nie chciał wyjść na głupca, więc każdy udawał, że widzi nowe szaty cesarza.

Pochód przeszedł przez wszystkie ulice, nawet te w biedniejszych dzielnicach. Kiedy cesarz ze świtą mijał jeden z domów, na chodnik wyszła dziewczynka, która wraz z tatą chciała obejrzeć władcę. Dziecko nie słyszało wcześniej o magicznej tkaninie.

– Tato, spójrz! – zawołała dziewczynka. – Ten śmieszny pan chodzi po ulicy bez ubrania!

Ojciec dziewczynki zrozumiał, że jego córka ma rację.

– Dobrze mówisz, moja droga – odparł ze śmiechem. – Cesarz jest nagi!

Rodzina stojąca obok usłyszała słowa mężczyzny i wszyscy zrozumieli, że ma on całkowitą rację.

– Cesarz jest nagi! – zawołali.

Wieść szybko rozniosła się po całym miasteczku, aż w końcu wszyscy mieszkańcy wytykali cesarza palcami i chichotali.

– Cesarz jest nagi! – krzyczeli, zanosząc się śmiechem.

Wkrótce cesarz zrozumiał, że jego podwładni się nie mylą. Na początku był tak zawstydzony, że nie mógł wykrztusić z siebie ani słowa. Jednak potem on również wybuchnął śmiechem i zaśmiewał się do rozpuku.

– Zachowywałem się jak zarozumiały głupiec – powiedział. – I dostałem dobrą nauczkę.

Tymczasem oszuści zdążyli już uciec z miasta i wszelki ślad po nich zaginął, ale odtąd cesarz stał się dobrym i mądrym władcą, który dbał o swój lud bardziej niż o własną garderobę. Dzięki temu i cesarz, i wszyscy jego podwładni żyli długo i szczęśliwie.

Brzydkie kaczątko

Było piękne lato, słońce świeciło na bezchmurnym niebie i wszystkim dokuczał upał. W fosie otaczającej stary zamek jedna z kaczek uwiła gniazdo pośród trzcin, aby złożyć w nim swoje jajka. Długo je wysiadywała, czekając na narodziny potomstwa. W końcu, jedno po drugim, jajka zaczęły pękać i niebawem rozległo się pierwsze piskliwe „kwa, kwa!".

Wkrótce wykluły się kaczątka ze wszystkich jajek – oprócz jednego. Ostatnie było nieco większe od pozostałych i kaczka z trudem je wysiadywała.

– Czy wszystko w porządku? – zapytał kaczy kolega, który właśnie przepływał obok.

– Tak, dziękuję – odparła świeżo upieczona mama. – Jedno z moich małych jeszcze się nie wykluło. Jak widzisz, to jajko jest większe niż pozostałe i ciężko się je wysiaduje, zwłaszcza w tym upale.

– Wyglądasz na bardzo zmęczoną – przyznał kaczor. – Jestem pewien, że wkrótce i ostatnie kaczątko wykluje się z jajka.

I wtedy właśnie usłyszeli, że skorupka jajka zaczyna pękać. Ostatnie kaczątko wreszcie przyszło na świat. Było to najbrzydsze i najbardziej dziwaczne kaczę, jakie kiedykolwiek widzieli!

– Ojej! – zawołał kaczor. – Co za dziwoląg! Chyba zbyt długo siedział w jajku.

– To nie ma znaczenia – powiedziała kaczka. – Jestem pewna, że za kilka tygodni kaczątko będzie wyglądało tak samo jak reszta moich maleństw.

– Oczywiście – uśmiechnął się kaczor, pożegnał się z koleżanką i popłynął dalej.

– Pozwólcie za mną, moje kochane – powiedziała mama do swoich kaczątek. – Czas na naukę pływania!

Kaczątka ustawiły się w szeregu za mamą i zaczęły energicznie machać nóżkami, aby dotrzeć na środek fosy.

– Oto mama ze swoimi małymi! – wołali wszyscy mieszkańcy fosy na widok pochodu.

– Spójrzcie tylko na ostatnie pisklę! – krzyknęła jedna z kaczek i wskazała skrzydłem na brzydkie kaczątko.

– Nigdy w życiu nie widziałem brzydszego maleństwa! – stwierdził inny kaczor.

I wszystkie kaczki w fosie zaczęły naśmiewać się z brzydkiego kaczątka.

Tygodnie mijały, a rodzeństwo brzydkiego kaczątka rosło i nabierało sił. Z każdym dniem kacze dzieci coraz bardziej przypominały dorosłe kaczki. Brzydkie kaczątko zaś stawało się jeszcze bardziej pokraczne, a jego pióra były nadal szare i szorstkie. Rodzeństwo szydziło z dziwacznego braciszka i nie chciało się z nim bawić. Brzydkie kaczątko było bardzo smutne, samotne i często skrywało się wśród wysokich trzcin, gdzie nikt go nie widział.

Pewnego razu ujrzało przelatujące wysoko białe ptaki. Te piękne stworzenia wydawały się szczęśliwe i wolne. W jakiś przedziwny sposób czuło więź z tymi dostojnymi ptakami.

„Jak to możliwe?" – zastanawiało się. „One są piękne, ja zaś jestem taki brzydki".

Brzydkie kaczątko postanowiło nie wychodzić więcej ze swojej kryjówki.

Kiedy nadeszła zima, fosę pokryła lodowa tafla i brzydkie kaczątko przymarzło do lodu. Nie mogło się ruszyć ani zdobyć pożywienia. Dni mijały i nic nie zapowiadało, żeby lodowa pokrywa miała się stopić. Brzydkie kaczątko bało się, że zginie z głodu.

Pewnego dnia nieopodal przechodził mężczyzna, który spostrzegł uwięzione kaczątko. Miał dobre serce – przyniósł siekierę i skruszył lód. Delikatnie wziął kaczątko na ręce i zabrał je do domu.

Mężczyzna opiekował się brzydkim kaczątkiem tak troskliwie jak własnym dzieckiem. Dbał, by było mu ciepło, i karmił smakołykami.

Jednak mimo wygody i opieki, jakiej zaznało w jego domu, kaczątko czuło, że znajduje się w niewłaściwym miejscu. Kiedy tylko przyszła odwilż, wróciło do swojej kryjówki wśród szuwarów.

Wkrótce świat się zazielenił, zakwitły kwiaty, a dni stały się cieplejsze. Znów przyszła wiosna. Ku własnemu zaskoczeniu kaczątko zauważyło, że jego skrzydła urosły i były większe niż skrzydła innych kaczek.

Pewnego dnia zaczęło nimi machać. Wynurzyło się z szuwarów i pofrunęło do góry. Było zachwycone uczuciem wolności podczas lotu i fruwało przez wiele godzin. W końcu dotarło nad ogromne jezioro. Spojrzało w dół i zobaczyło ptaki podobne do tych, które wiele miesięcy temu przelatywały nad jego głową. Brzydkie kaczątko sfrunęło niżej, żeby dobrze im się przyjrzeć. Kiedy zbliżyło się do tafli jeziora, ujrzało w wodzie odbicie kolejnego pięknego śnieżnobiałego ptaka. Rozejrzało się dokoła, lecz nikogo nie spostrzegło.

Wtedy brzydkie kaczątko zrozumiało, że to właśnie jego odbicie widać w wodzie! Ono również było pięknym ptakiem i potrafiło dostojnie latać w przestworzach. Z brzydkiego kaczątka wyrósł wspaniały biały łabędź.

Wszystkie łabędzie podpłynęły, aby przywitać nowego przyjaciela. Na początku młody łabędź był nieśmiały, ponieważ nie przywykł do takiej serdeczności. Dopiero co zrozumiał, że nie jest brzydkim, pokracznym kaczątkiem. Jednak łabędzie okazały mu dużo ciepła i sympatii, więc szybko się wśród nich zadomowił. Nie mógł uwierzyć w swoje szczęście i nie posiadał się z radości, że wreszcie znalazł swoje miejsce na ziemi.

Mała syrenka

Gdzieś w głębinach oceanu w błyszczącym zamku z koralowca żył król morza wraz z sześcioma córkami.

Wszystkie księżniczki były urodziwe, ale najmłodsza była najpiękniejsza.

Mała syrenka uwielbiała słuchać opowieści swojej babuni o życiu ludzi, mieszkających w zupełnie innym świecie. Czekała też z utęsknieniem na swoje piętnaste urodziny, kiedy będzie mogła się wynurzyć i zobaczyć ten świat.

W końcu nadszedł ten upragniony dzień i mała syrenka wypłynęła na powierzchnię wody. Tam ujrzała ogromny statek, na którego pokładzie śpiewali i tańczyli żeglarze. Świętowali oni szesnaste urodziny księcia. Kiedy nastał wieczór, na niebie rozbłysły fajerwerki.

Nagle rozszalała się potężna burza, a okręt zaczął tonąć. Syrenka zobaczyła, jak żeglarze giną w morskiej głębinie, zanurkowała więc, aby ratować swego księcia.

Mała syrenka, ratując życie księciu, dopłynęła z nim do brzegu. Położyła go na ciepłym złotym piasku, sama zaś wskoczyła do wody i odpłynęła, żeby obserwować go z daleka.

Po niedługim czasie pewna śliczna dziewczyna znalazła księcia. Potem zawołała innych i razem zanieśli go do wspaniałego domu nieopodal plaży.

Po powrocie do domu mała syrenka wciąż myślała o urodziwym księciu. Siostry syrenki, dowiedziawszy się o jej miłości do chłopca, sprawdziły, gdzie on mieszka. Odtąd mała syrenka siadywała na skale i spoglądała na pałac księcia z tęsknotą.

Babunia rzekła do niej:

– Musisz pamiętać, że my żyjemy setki lat, ludzie zaś nie żyją tak długo, choć ich dusze są nieśmiertelne.

Syrenka pragnęła być ze swoim księciem i mieć ludzką duszę. Udała się więc do morskiej czarownicy, która znała wiele czarodziejskich zaklęć. Wiedźma powiedziała:

– Mogę zmienić twój ogon w ludzkie nogi, ale musisz mi za to oddać swój głos! Jeśli jednak twój książę pokocha inną, ty staniesz się białą morską pianą!

Syrenka wypiła czarodziejską miksturę i zasnęła. Kiedy się ocknęła, leżała na plaży w ramionach księcia. Spojrzała na siebie i zobaczyła, że zamiast rybiego ogona ma dwie ludzkie nogi. Gdy próbowała coś powiedzieć, nie mogła wydobyć z siebie głosu.

Książę zabrał ją ze sobą do pałacu. Spędzała tam dni pełne radości, jednak przez cały czas nie mogła ani mówić, ani śpiewać. Mimo to była szczęśliwa, że jest blisko księcia.

Pewnego dnia król nakazał księciu, żeby ten ożenił się z księżniczką z sąsiedniego królestwa. Kiedy młodzieniec pojechał odwiedzić narzeczoną, okazało się, że jest ona tą samą dziewczyną, która znalazła go nieprzytomnego na plaży. Na nieszczęście małej syrenki książę zakochał się w księżniczce i zgodził się ją poślubić.

Biedna syrenka wiedziała, że zostało jej niewiele dni życia. Starała się przebywać blisko księcia i powiedzieć mu o swojej miłości.

Dowiedziawszy się o problemach syrenki, siostry przyniosły jej magiczny nóż od czarownicy.

– Wszystko, co musisz uczynić – powiedziały – to zabić księcia, kiedy ten będzie spał. Wtedy odzyskasz swoją dawną postać i będziesz mogła do nas wrócić!

Jednak mała syrenka nigdy nie skrzywdziłaby księcia.

Biedna dziewczyna weszła smutna do komnaty, w której spał książę. Pocałowała go czule, wrzuciła nóż do morza, a potem rzuciła się w spienione fale. Lecz po chwili została uniesiona wysoko przez córki przestworzy i żyła z nimi w pokoju i wiecznym szczęściu.

Lampa Aladyna

Dawno, dawno temu w dalekiej krainie żył biedny krawiec razem ze swoją żoną oraz synem o imieniu Aladyn. Mężczyzna ciężko pracował i miał nadzieję, że pewnego dnia Aladyn przejmie jego warsztat. Jednak chłopcu w głowie byli tylko przyjaciele i zabawa. Nawet gdy jego ojciec zmarł, Aladyn nie przestał próżnować – i to mama musiała utrzymywać dom, zarabiając na życie jako prządka.

Pewnego dnia, kiedy Aladyn jak zwykle włóczył się po mieście, podszedł do niego nieznajomy i powiedział:

– A niech mnie! Ty pewnie jesteś Aladyn! Wyglądasz dokładnie jak twój ojciec! Jestem twoim stryjem, przez wiele lat mieszkałem w innym kraju. Zaprowadź mnie, proszę, do swojej matki.

Aladyn był zdumiony. Po raz pierwszy słyszał, że ma stryja, ale posłusznie zaprowadził mężczyznę do domu. Jego mama na widok nieznajomego również nie kryła zdziwienia.

– Tak, mój mąż miał brata, lecz sądziłam, że zmarł on wiele lat temu…

Jednak spotkanie przebiegało niezwykle miło, a nieznajomy wydawał się sympatycznym człowiekiem, więc Aladyn i jego mama szybko uwierzyli w jego słowa.

Nie mieli pojęcia, że nieznajomy to zły czarownik, który upatrzył sobie Aladyna, ponieważ chłopiec wyglądał na nicponia. Miał zamiar wykorzystać Aladyna do realizacji swojego planu, a następnie chciał się go pozbyć. Na razie jednak starał się oczarować chłopca i jego matkę.

Zaprosił ich na wystawny posiłek, a następnie zaproponował Aladynowi, że oprowadzi go po zamożnej dzielnicy miasta. Razem spacerowali szerokimi ulicami wzdłuż pięknych ogrodów i okazałych domów. Po jakimś czasie znaleźli się w ciemnej uliczce. Czarownik przystanął i podniósł jedną z obluzowanych płyt chodnika. Pod kamienną pokrywą znajdowały się schody prowadzące w głąb ciemności.

– Drogi bratanku – powiedział czarownik. – Musisz coś dla mnie zrobić. Zejdź tymi schodami na sam dół. Znajdują się tam trzy jaskinie pełne złota i srebra. Musisz przejść przez nie, lecz niczego nie dotykać – obiecaj mi to! Następnie wejdziesz do ogrodu pełnego drzew, na których wisieć będą dziwaczne owoce z drogocennych kamieni. Jeśli zechcesz, możesz zerwać kilka z nich. Na końcu ogrodu znajdziesz starą lampę oliwną. Wylej oliwę i przynieś lampę do mnie – bardzo mi na niej zależy.

Aladyn trochę się wystraszył, lecz czarownik wręczył mu piękny szmaragdowy pierścień, który chłopiec miał zatrzymać, jeśli uda mu się przynieść lampę. Powoli zszedł więc po schodach. Na dole zobaczył trzy jaskinie pełne złota i srebra, tak jak powiedział czarownik. Dotrzymał jednak słowa i niczego nie dotknął.

Następnie wkroczył do ogrodu pełnego drzew, na których wisiały dziwaczne owoce. Napchał nimi kieszenie, a potem udał się na skraj ogrodu, gdzie stała stara lampa oliwna. Podniósł ją, wylał oliwę i wyruszył w drogę powrotną – przez osobliwy ogród, trzy jaskinie, aż do schodów.

Czarownik czekał na niego przy wyjściu.

– Podaj mi lampę! – zawołał niecierpliwie.

– Najpierw pomóż mi się stąd wydostać, potem dostaniesz swoją lampę – odparł Aladyn.

– Nie! Najpierw lampa! – zawołał czarownik i próbował wyrwać ją z rąk chłopca.

Takiej sytuacji nie przewidział. Miał zamiar wziąć lampę, a chłopca zamknąć na zawsze pod ziemią. Jednak podczas szamotaniny kamienna pokrywa nagle zamknęła się z hukiem i Aladyn z lampą zniknął w ciemnościach.

Czarownik zrozumiał, że jego plan się nie powiódł. Szybko opuścił kraj i już nigdy do niego nie wrócił.

Chłopiec siedział pod ziemią przez dwa dni bez wody i jedzenia. Z każdą godziną był coraz słabszy. W pewnej chwili niechcący potarł pierścień, który dostał od czarownika. Aladyna oślepił nagły błysk i po chwili chłopiec ujrzał przed sobą potężnego mężczyznę.

– Kim jesteś? – zapytał zdumiony.

– Jestem dżinem z pierścienia. Twoje życzenie jest dla mnie rozkazem. Co mogę dla ciebie zrobić?

– Pomóż mi się stąd wydostać! – zawołał Aladyn.

Chłopca oślepił kolejny błysk i po chwili stał już na ulicy. Przyjrzał się dokładnie chodnikowi, lecz po obluzowanej płycie nie było ani śladu. Pobiegł więc do domu, gdzie z radością powitała go mama.

– Gdzie się podziewałeś? – zapytała, gdy już uściskała syna.

– Opowiem ci później – odparł Aladyn. – Jestem okropnie głodny. Przez dwa dni nie miałem nic w ustach. Proszę, przygotuj mi coś do jedzenia.

Mama przyrządziła dla syna obfity obiad, wykorzystując wszystkie produkty, które miała w domu. Jednak nawet po spałaszowaniu całego posiłku Aladyn był głodny.

– Może uda mi się sprzedać lampę i kupić trochę jedzenia – powiedział chłopiec. – Lepiej ją przedtem wypoleruję.

Gdy tylko zaczął pocierać lampę, ponownie oślepił go błysk i znów stanął przed nim potężny mężczyzna.

Aladyn i jego mama krzyknęli ze zdumienia.

– Kim jesteś? – zapytał chłopiec drżącym głosem.

– Jestem dżinem z lampy. Twoje życzenie jest dla mnie rozkazem. Co mogę dla ciebie zrobić?

– Przynieś mi stół zastawiony jedzeniem! – rozkazał Aladyn.

I tak przed Aladynem pojawił się stół zastawiony najlepszymi smakołykami podanymi na srebrnych talerzach. Aladyn i jego mama najedli się do syta, a następnie sprzedali talerze i za zdobyte w ten sposób pieniądze kupili zapas jedzenia na wiele tygodni.

Pewnego dnia podczas przechadzki po rynku Aladyn ujrzał córkę sułtana i zakochał się w niej od pierwszego wejrzenia. Postanowił spotkać się z sułtanem, aby poprosić go o jej rękę. W prezencie zaniósł sułtanowi owoce z drogocennych kamieni, które zebrał podczas wyprawy po lampę.

– Musisz być bardzo majętnym człowiekiem, skoro przynosisz mi takie prezenty – uśmiechnął się sułtan. – Właśnie takiego męża szukam dla mojej córki.

Jednak o względy królewny starał się również syn jednego z dworzan. Dostojnik poradził sułtanowi poddać Aladyna próbie. Za jego radą sułtan poprosił chłopca o kolejne kosztowne owoce – tym razem miały one zostać wniesione do pałacu na czterdziestu srebrnych tacach przez czterdziestu służących.

Kiedy Aladyn został sam, potarł lampę i znów przywołał dżina.

– Co mogę dla ciebie zrobić? – zapytał dżin.

– Przyślij czterdziestu służących, niech na czterdziestu srebrnych tacach wniosą do pałacu sułtana owoce zrobione z drogocennych kamieni – rozkazał Aladyn.

Sułtan był zdumiony, gdy następnego dnia czterdziestu służących wniosło do jego pałacu drogocenne owoce na czterdziestu srebrnych tacach.

– Spójrz tylko! – zawołał sułtan do sprytnego dworzanina. – Teraz jestem pewien, że Aladyn to idealny mąż dla mojej córki.

Jednak dostojnik nadal miał nadzieję, że uda mu się wyswatać księżniczkę ze swoim synem, więc zasugerował, żeby poddać Aladyna ostatecznej próbie.

– To zadanie wykonał bez zarzutu – powiedział – lecz gdzie młodzi zamieszkają po ślubie? Jeśli Aladyn naprawdę jest taki bogaty, na pewno może wybudować wspaniały pałac dla swojej żony.

– Masz rację – przyznał sułtan, który był w gruncie rzeczy człowiekiem prostym i łatwowiernym.

Przekazał Aladynowi, że będzie mógł poślubić królewnę, jeśli zbuduje dla niej piękny pałac. Chłopiec ponownie przywołał dżina, a ten po raz kolejny użył swojej mocy.

Wkrótce obok siedziby sułtana stanął nowy pałac. Takiej budowli nikt dotąd na świecie nie widział. Ściany pałacu pokryte były złotem i srebrem, a każda komnata skrywała niewyobrażalne skarby. Aladyn i królewna wzięli ślub i żyli w szczęściu oraz dostatku. Chłopiec nigdy nie powiedział nikomu o dżinie i dbał o cudowną lampę do końca swoich dni.

Świniopas

Dawno temu w małym królestwie żył sobie ubogi książę, który marzył o poślubieniu córki samego cesarza. Wysłał więc dwóch swoich giermków do pałacu możnowładcy. Nieśli oni w darze jedyne cenne rzeczy, które posiadał książę w całym swoim królestwie – krzak róży z jednym tylko kwiatem, ale o zapachu tak słodkim, że kto go powąchał, zapominał o smutkach, oraz słowika, który cudownie śpiewał.

Chociaż cesarz i damy dworu byli oczarowani prezentami, to głupiutka księżniczka wolała swoje zabawki. Książę nie tracił jednak nadziei. Przebrał się za świniopasa i najął się do pracy w cesarskiej chlewni.

Tam stworzył magiczny kociołek. Kiedy w nim gotowano, grał wesołe melodie, a kiedy ktoś włożył palec w parę, mógł poczuć, co gotowano we wszystkich garnkach w całym cesarstwie!

Gdy księżniczka usłyszała o magicznym kociołku, zapragnęła go mieć. Świniopas w zamian za podarek zażądał pocałunku, a dziewczyna, pragnąc nowej zabawki, zgodziła się.

Damy były zachwycone kociołkiem! Dniem i nocą gotowały w nim wodę, żeby wiedzieć, kto i co gotuje, i tańczyć przy skocznych melodiach, jakie wygrywał. Klaskały w dłonie i radośnie śpiewały:

Stara maciorka mieszkała w chlewiku,
Miała przychówku świnek bez liku.

I znowu świniopas stworzył magiczną zabawkę. Tym razem był to gwizdek, który grał wszystkie melodie świata! Kiedy księżniczka usłyszała muzykę, posłała służkę, żeby sprawdziła, cóż tak gra.

– To cudowny gwizdek. Parobek zażądał za niego sto całusów – powiedziała dama dworu, wróciwszy z chlewni.

Księżniczka próbowała nakłonić świniopasa, aby podał inne warunki, ale on był nieugięty. Tak bardzo zaś pragnęła gwizdka, że zdecydowała się na pocałunki.

Damy dworu zebrały się wokół chlewni, a księżniczka zaczęła całować parobka. Cesarz, ujrzawszy całą scenę z okna pałacu, zaciekawiony postanowił sprawdzić, co też tam się dzieje. Kiedy zobaczył własną córkę całującą świniopasa, wpadł we wściekłość i skazał obydwoje na wieczne wygnanie.

Stojąc w strugach deszczu, księżniczka płakała i żaliła się:

– O, ja biedna – szlochała – szkoda, że jednak nie zgodziłam się poślubić ubogiego księcia!

W tym czasie świniopas schował się za drzewem, zrzucił brudne ubranie i ukazał się dziewczynie w książęcych szatach. Wyglądał tak dostojnie, że księżniczka złożyła mu ukłon.

– Chciałem dać ci nauczkę – rzekł. – Wzgardziłaś uczciwym księciem i jego podarkiem, ale nie powstrzymałaś się od całowania świniopasa, żeby zdobyć jego zabawki!

Powiedziawszy to, ruszył do swego królestwa. Zostawił księżniczkę samą siedzącą na kamieniu, żeby przemyślała swoje niemądre zachowanie.

Żółw i zając

W letnie wieczory leśne zwierzęta miały w zwyczaju spotykać się na uroczej, okolonej drzewami polanie. Rozmawiały o tym, co przydarzyło im się w ciągu dnia, ganiały wśród drzew lub po prostu wylegiwały się w ostatnich promieniach słońca.

Najszybszym zwierzęciem w lesie był zając. Uwielbiał biegać i zawsze wygrywał wszystkie wyścigi. Był nie do pokonania! Natomiast najwolniejszy był żółw – bardzo powoli człapał na czterech nóżkach i często docierał na polanę dopiero o zachodzie słońca, gdy inne zwierzęta wracały już do swoich domów.

– O, nadchodzi! – mówiły na widok żółwia. – Może, gdyby zdjął z pleców skorupę, poruszałby się szybciej!

Żółw w ogóle nie przejmował się tymi docinkami. Miał wesołe usposobienie i wcale nie przeszkadzało mu, że jest taki powolny. Do szczęścia wystarczały mu ulubione świeże liście, które chrupał ze smakiem.

Pewnego ciepłego wieczoru zwierzęta zgromadziły się na polanie, aby pogawędzić i odpocząć. Żółw jak zwykle przybył ostatni.

– Uwaga! Zbliża się! Zejdźcie mu z drogi, bo może was stratować! – zażartował lis.

Wszyscy zanieśli się śmiechem, po czym wrócili do swoich zajęć.

Jednak tego dnia sprawy potoczyły się nieco inaczej niż zazwyczaj. Żółw powoli zaczął iść w kierunku zająca, który rozmawiał z przyjaciółmi.

Kiedy już dotarł na miejsce, powiedział:

– Przepraszam, drogi zającu, czy wydaje ci się, że jesteś najszybszym zwierzęciem w lesie?

– Nie, nie wydaje mi się, że jestem najszybszy… Ja to po prostu wiem – odparł zadowolony z siebie zając.

– To bardzo ciekawe – powiedział żółw. – Jestem pewien, że wygrałbym wyścig z tobą.

– Ty? Wygrałbyś ze mną? – zdziwił się zając i zaczął śmiać się do rozpuku. – Przecież jesteś najwolniejszy z nas wszystkich! Jakże miałbyś mnie pokonać!?

– Cóż, jeśli boisz się ze mną zmierzyć, doskonale to rozumiem – odpowiedział żółw i zaczął powoli odchodzić.

– Zaczekaj – zirytował się zając. – Nie boję się z tobą zmierzyć. Po prostu mówię, że nie masz szans. Ale jeśli tak bardzo chcesz zrobić z siebie pośmiewisko… Kiedy zaczynamy wyścig?

– Spotkajmy się tu jutro rano – zaproponował żółw.

Następnego ranka zwierzęta zgromadziły się na polanie, aby obejrzeć przedziwne zawody. Żółw i zając ustawili się na linii startu.

– Pobiegniecie ścieżką dookoła lasu i z powrotem na polanę, gdzie będzie meta – wytłumaczył im lis. – Ten, kto pierwszy dotrze do mety, wygrywa wyścig. Czy wszystko jasne?

Żółw i zając potaknęli.

– Do biegu… gotowi… start! – zawołał lis.

Zając biegł tak szybko, jak tylko potrafił. Tak się rozpędził, że już po chwili zniknął wszystkim z pola widzenia. Żółw człapał ślimaczym tempem, stawiając uważnie jedną nóżkę za drugą.

Przyjaciele żółwia jęknęli.

„Wyścig dopiero się zaczął, a już wiadomo, jaki będzie wynik" – pomyśleli.

– Szybciej, żółwiu! – dopingowali kolegę.

– Nie martwcie się – uspokajał ich żółw. – Może i jestem powolny, ale i tak wygram ten wyścig.

Zając nadal pędził jak oszalały. Po pewnym czasie obejrzał się za siebie i zobaczył, że żółw został daleko w tyle.

„Ależ ze mnie głupiec" – pomyślał zając. „Po co tak szybko biegnę? Przecież wyprzedziłem już żółwia. Nawet gdybym szedł do mety spacerkiem i tak wygrałbym ten wyścig".

Wtedy spostrzegł swojego przyjaciela, borsuka.

– Cześć, zającu! Co porabiasz? – zapytał borsuk.

– Ścigam się z żółwiem – odparł zając.

– Z żółwiem? – zdziwił się borsuk, po czym wybuchnął śmiechem. – Cóż, to znaczy, że masz mnóstwo czasu: zanim żółw doczłapie do mety, minie wiele godzin. Znalazłem krzak z pysznymi dojrzałymi jagodami – ciągnął borsuk. – Chodź, sam się przekonasz.

Zającowi zaczynało powoli burczeć w brzuchu. Spojrzał więc na ścieżkę, żeby upewnić się, że żółw jest daleko, i poszedł z borsukiem na jagody.

Kiedy skończyli jeść, zając wstał i rozprostował łapki.

– Dzięki, borsuku – powiedział. – Jagody były przepyszne, ale lepiej wrócę na trasę wyścigu.

– Nie ma sensu, żebyś się spieszył – zaśmiał sie borsuk. – Żółw jest pewnie jeszcze na starcie. Na twoim miejscu wcale bym się tym nie przejmował.

– Masz rację – uśmiechnął się zając. – Żółw będzie tu dopiero za kilka godzin. Nie muszę się męczyć.

Zając pomachał borsukowi na pożegnanie, po czym zaczął wolno iść ścieżką. Dzień był wyjątkowo piękny i słońce miło grzało zającowi w grzbiet. Wkrótce zrobił się nieco śpiący. „Chyba nic się nie stanie, jeśli położę się i zamknę oczy na kilka minut" – pomyślał. Na brzegu rzeki znalazł przytulne miejsce z miękkim mchem, ziewnął przeciągle i po chwili już smacznie drzemał.

Tymczasem żółw nie zatrzymał się na żadne pogawędki ani wspólne pałaszowanie jagód, nie skusił się też na drzemkę. Po jakimś czasie minął śpiącego zająca i powoli poczłapał w stronę polany. Zwierzęta nie wierzyły własnym oczom, gdy ujrzały, że żółw jako pierwszy zbliża się do mety.

– Co się stało z zającem? – zastanawiały się wszystkie.

Nigdzie nie było go widać!

W tej chwili zając zbudził się ze snu. „O, nie!" – zmartwił się. „Chyba zdrzemnąłem się na wiele godzin. Muszę się pospieszyć!"

Zając pobiegł ścieżką ile sił w łapkach, ale było już za późno. Kiedy wpadł na polanę, żółw właśnie przekraczał linię mety.

Zwierzęta zgromadziły się wokół niego, gratulowały mu i poklepywały go po skorupie.

– Gratulacje, żółwiu! – powiedział lis. – Nikt nie sądził, że naprawdę wygrasz wyścig z zającem. Jednak udało ci się!

– Pokonałeś mnie – powiedział zdyszany zając. – Nie mogę w to uwierzyć.

– Przecież cię ostrzegałem, prawda? – uśmiechnął się żółw. – Pamiętaj, że wygrywa nie ten, kto jest szybki, lecz ten, kto jest wytrwały.

I powiedziawszy to, żółw poczłapał na zasłużoną ucztę ze świeżych zielonych liści.

Piękna i bestia

Dawno temu żył pewien bogaty kupiec, który miał trzech synów i trzy córki. Niestety, synów interesowały jedynie polowania, a dwie najstarsze córki były chciwe i samolubne. Jedynie najmłodsza, Bella, miała dobre serce. Wyróżniała się nie tylko życzliwością i rozsądkiem, lecz także wyjątkową urodą.

Pewnego dnia do kupca dotarły złe wieści. Wszystkie statki z jego towarami zatonęły podczas sztormu i mężczyzna stracił całą swoją fortunę. Rodzina musiała opuścić piękny dom i przeprowadzić się do skromnej chatki. Ojciec i synowie całymi dniami pracowali w polu, córki zaś zajmowały się domem. Starsze dziewczęta były leniwe i cały czas się wylegiwały, jedynie Bella lubiła krzątać się po chatce i z chęcią pomagała ojcu.

Pewnego ranka kupiec otrzymał ważną wiadomość. Okazało się, że jeden ze statków przetrwał sztorm i przybije do portu następnego dnia.

– Być może niecały majątek przepadł! – powiedział z uśmiechem kupiec.

Podekscytowany, wyruszył w podróż, by dopilnować rozładunku towaru w porcie. Przed wyjazdem spytał córki, jakie prezenty ma im przywieźć z podróży. Starsze dziewczęta zażądały klejnotów i sukni, lecz Bella, która nie wiedziała, co to chciwość, poprosiła jedynie o różę.

Kiedy kupiec dotarł do portu, przekonał się, że zaszła straszna pomyłka.

Do brzegu nie przybił żaden statek, więc jego rodzina była skazana na biedę. Podczas drogi powrotnej rozpętała się burza i kupiec zabłądził w ciemnościach. Wkrótce przemókł do suchej nitki, a jego koń był u kresu sił. W końcu mężczyzna dostrzegł światło w oddali. Kiedy podjechał bliżej, zobaczył, że dochodzi ono z okien zamku. Postanowił poprosić o gościnę. Kiedy zapukał do bramy, wrota same się otworzyły.

Kupiec wszedł do środka. W komnacie ogień wesoło trzaskał w kominku, a na stole stały ciepłe potrawy i jedno nakrycie. Wokół nie było żywej duszy, więc mężczyzna usiadł przy stole i zjadł kolację. Po posiłku wyszedł na zewnątrz i znalazł stajnię, a w niej mnóstwo siana oraz posłanie ze słomy dla swojego konia. Następnie wrócił na zamek i po schodach wszedł na piętro. W jednej z sypialni czekało na niego świeżo pościelone łóżko. „Jakby spodziewano się mojego przyjazdu” – pomyślał kupiec, po czym położył się do łóżka i szybko zasnął.

Rano, kiedy się zbudził, prędko się ubrał i zszedł do jadalni. Znów czekał na niego nakryty stół. Tak jak poprzedniego wieczoru kupiec jadł w samotności. Po śniadaniu osiodłał konia. Gdy wyjeżdżał z zamku, zauważył krzak róży o pięknych czerwonych kwiatach. „Przynajmniej Belli mogę przywieźć prezent, o który prosiła" – pomyślał i zerwał jedną czerwoną różę.

Wtedy zza krzewów wyskoczyła przerażająca bestia.

– Jesz moje jedzenie, śpisz w moim zamku, a teraz chcesz ukraść moją różę! Zapłacisz za to!

– Miałem zamiar podziękować, lecz nie wiedziałem, komu zawdzięczam tyle dobroci. Chciałem tylko zawieźć kwiat mojej Belli… – wyjąkał w odpowiedzi kupiec.

– Kim jest Bella? – zapytała bestia.

– To moja córka – odparł kupiec.

Bestia zastanawiała się przez chwilę.

– Dobrze, możesz odejść, ale pod warunkiem że w zamian przyślesz tu swoją córkę.

Kupiec był tak wystraszony, że prędko przystał na propozycję potwora i jak najszybciej opuścił zamkowy ogród.

Kiedy dotarł do domu, opowiedział rodzinie, co mu się przydarzyło.

– Nie mogę cię tam posłać – zwrócił się do Belli z oczami pełnymi łez. – Bestia gotowa cię nawet zabić!

– Musisz to zrobić, ojcze – odpowiedziała Bella ze spokojem. – W przeciwnym razie potwór może się zemścić na naszej rodzinie.

Kupiec ze smutkiem zgodził się na wyjazd Belli. Z ciężkim sercem pożegnał córkę i Bella wyruszyła w stronę zamku.

Kiedy przybyła na miejsce, ku własnemu zaskoczeniu odkryła, że bestia jest dla niej bardzo uprzejma. Potwór oprowadził Bellę po swoich włościach, a następnie pokazał dziewczynie jej komnatę. Czekały tam na Bellę jej ulubione książki oraz ozdoby. Było nawet magiczne lustro, w którym mogła obserwować swoją rodzinę w chatce. Choć przez chwilę każdego dnia Bella widziała swoich bliskich. „Może potwór jest i brzydki, ale jest również bardzo troskliwy" – pomyślała dziewczyna.

Pierwszego wieczoru bestia i dziewczyna wspólnie zasiedli do kolacji.

Po posiłku potwór poprosił Bellę o rękę.

– Przykro mi, ale nie mogę zostać twoją żoną – odparła Bella.

Bestia westchnęła i powoli poczłapała do swojej sypialni.

Odtąd każdy wieczór wyglądał tak samo. Bestia i Bella jedli razem kolację, po czym potwór prosił dziewczynę o rękę. Bella zawsze odpowiadała w ten sam sposób: „Przykro mi, ale nie mogę zostać twoją żoną".

Pewnego wieczoru Bella spojrzała w lustro i spostrzegła, że jej ojciec jest bardzo chory. Ubłagała potwora, żeby pozwolił jej wrócić do domu, by mogła zaopiekować się ojcem.

– Dobrze – zgodziła się bestia. – Musisz jednak wrócić tutaj w ciągu tygodnia. Kiedy będziesz gotowa do powrotu, połóż ten pierścień na toaletce w domu. To będzie dla mnie znak, że chcesz już wracać. Jeśli nie uczynisz tego przed upływem tygodnia, zginę.

Bella obiecała wrócić na czas i następnego ranka obudziła się we własnym łóżku w chatce.

Przez kolejne dni bez ustanku opiekowała się chorym ojcem. Kupiec wracał do zdrowia, lecz Bella była tak zajęta, iż nie zorientowała się, że nadszedł już czas powrotu. Siostry, które zazdrościły Belli pobytu na zamku, postanowiły jej o tym nie przypominać. W skrytości ducha miały nadzieję, że im dłużej Bella zostanie w domu, tym bardziej rozzłości to bestię.

– Może nawet ją zabije! – chichotały.

Pewnej nocy Belli przyśniło się, że bestia leży nieżywa w zamkowym ogrodzie.

„Muszę wrócić na zamek" – postanowiła dziewczyna. Położyła pierścień na swojej toaletce i następnego dnia obudziła się w zamkowej komnacie. Prędko pobiegła do ogrodu. Zobaczyła, że bestia rzeczywiście leży bez życia w swoim ogrodzie.

– Och, nie, bestio – zapłakała. – Nie chciałam zostać w domu tak długo. Proszę, nie umieraj. Jesteś dla mnie taka dobra i troskliwa.

Powiedziawszy to, pocałowała bestię.

Nagle na oczach dziewczyny potwór zmienił się nie do poznania. Cała jego brzydota zniknęła i bestia przemieniła się w przystojnego księcia.

– Bello, mój skarbie! – zawołał książę. – Wiele lat temu okrutna wiedźma rzuciła na mnie zaklęcie i zmieniła w bestię. Zły urok stracił swoją moc, ponieważ pocałowałaś mnie mimo mojej brzydoty.

Bella ponownie pocałowała księcia i przysięgła, że już nigdy go nie opuści.

Szczęśliwa para pojechała do domu kupca, a następnie wzięła ślub.

Po ceremonii małżonkowie wrócili na zamek, gdzie żyli długo i szczęśliwie.

Krzesiwo

Pewnego dnia młody żołnierz powracający z wojny spotkał na wiejskiej drodze niezwykłą staruszkę.

– Witaj, młody człowieku – zawołała wesoło kobieta. – Pragnę cię o coś zapytać. Powiedz, czy chciałbyś wrócić do domu z kieszeniami pełnymi pieniędzy?

– Oczywiście, że tak. Kto by nie chciał? – zaśmiał się żołnierz.

– Jeśli posłuchasz moich wskazówek, zostaniesz bogaczem – powiedziała staruszka.

Żołnierz zdziwił się, słysząc słowa starej kobiety, lecz – jako że nie miał nic lepszego do roboty – postanowił jej wysłuchać.

Najpierw staruszka zdjęła fartuszek i wręczyła go żołnierzowi. Następnie powiedziała mu, że jeśli wdrapie się do środka pustego pnia pobliskiego drzewa, na dole zobaczy trzy pary drzwi. Za pierwszymi drzwiami znajdują się skrzynie pełne miedzianych monet, których pilnuje pies o oczach ogromnych niczym talerze. Jeśli jednak żołnierz położy przed nim fartuszek, pies na nim usiądzie, a w tym czasie chłopiec będzie mógł zabrać tyle monet, ile będzie w stanie unieść.

Za drugimi drzwiami znajdują się skrzynie pełne srebrnych monet. Ich także pilnuje pies, a jego oczy są wielkie niczym młyńskie koła! Jednak jeśli żołnierz położy przed nim fartuszek, to ten pies również usiądzie na nim, a w tym czasie chłopiec będzie mógł zabrać tyle monet, ile tylko zdoła.

Za trzecimi drzwiami stoją skrzynie pełne złotych monet, których pilnuje pies o oczach ogromnych niczym wieże! Jednak jeśli żołnierz położy przed psem fartuszek, to zwierzę usiądzie na nim, a w tym czasie chłopiec będzie mógł zabrać tyle monet, ile tylko zmieści się w jego kieszeniach.

– To wszystko brzmi bardzo kusząco – odparł żołnierz. – Jednak nikt nie oddaje skarbu nieznajomemu. Co pani chce w zamian?

– Pragnę jedynie, abyś przyniósł mi małe pudełko z krzesiwem, które leży w komnacie pełnej złotych monet – odpowiedziała staruszka.

Żołnierz zgodził się przynieść staruszce pudełko. Następnie wdrapał się do środka pnia drzewa, a gdy stopami dotknął ziemi, ujrzał trzy pary drzwi – tak jak powiedziała mu kobieta. Za pierwszymi drzwiami znajdowały się skrzynie pełne miedzianych monet, a pilnował ich pies o oczach wielkich jak talerze. Żołnierz położył przed bestią fartuszek i pies usiadł na nim, tak jak w opowieści staruszki. Żołnierz szybko wypchał kieszenie monetami.

Za drugimi drzwiami chłopiec zastał skrzynie pełne srebrnych monet, a przy nich warował pies o oczach wielkich jak młyńskie koła. Żołnierz ponownie położył fartuszek na ziemi i pies posłusznie na nim siadł. Chłopiec wysypał miedziaki z kieszeni i zastąpił je srebrnymi monetami.

Kiedy otworzył trzecie drzwi, z wrażenia zabrakło mu tchu. Pokój aż po sufit był wypełniony złotymi monetami. Pilnujący ich pies wyglądał niezwykle groźnie, a jego oczy rzeczywiście były wielkie niczym wieże. Żołnierz ponownie położył fartuszek na ziemi i pies posłusznie na nim siadł. Następnie chłopiec wyrzucił z kieszeni srebrne monety i zabrał tyle złotych dukatów, ile tylko potrafił unieść.

Pamiętał również, by wziąć pudełko z krzesiwem, które leżało w kącie, a następnie z powrotem wdrapał się do pnia drzewa i wyszedł na zewnątrz.

– Widzę, że świetnie sobie poradziłeś – zaskrzeczała staruszka, kiedy ujrzała kieszenie żołnierza wypchane złotymi monetami. – Czy masz dla mnie pudełko z krzesiwem?

– Oczywiście – odparł żołnierz. – Ale zanim je oddam, chciałbym się dowiedzieć, dlaczego tak pani na nim zależało.

– To tajemnica – powiedziała staruszka.

– W takim razie będę musiał panią zabić i sam się przekonać, jaka jest prawda – zagroził żołnierz.

I zanim kobieta zdążyła powiedzieć słowo, żołnierz wyjął swój miecz i śmiertelnie ją ugodził.

Następnie schował miecz i żwawo pomaszerował dalej.

Wkrótce dotarł do miasteczka. Dzięki złotym monetom mógł wynająć największy pokój w najlepszym pensjonacie i raczyć się najdroższym jedzeniem i winem.

W ciągu kilku miesięcy poznał tu wielu przyjaciół i często wydawał wystawne przyjęcia.

Jednak w końcu żołnierzowi skończyły się pieniądze. Przyjaciele opuścili go, a on musiał przeprowadzić się do małego pokoju na poddaszu. Pierwszej nocy na poddaszu znalazł starą świecę i postanowił, że ją zapali, by choć trochę się przy niej ogrzać. Przypomniał sobie, że ma pudełko z krzesiwem staruszki. Kiedy jednak uderzył w krze-

siwo, pokój wypełnił się dymem i nagle przed żołnierzem stanął pies z oczami wielkimi jak talerze. Z początku żołnierz wystraszył się zwierzęcia, lecz następnie pomyślał, że może je jakoś wykorzystać.

– Przynieś mi pieniądze! – rozkazał psu.

Pies zniknął i po chwili wrócił z workiem pełnym miedzianych monet. Kiedy żołnierz uderzył w krzesiwo dwa razy, zjawił się przed nim pies z oczami wielkimi jak młyńskie koła. Chłopiec ponownie rozkazał psu przynieść pieniądze i bestia wróciła z workiem pełnym srebrnych monet.

Kiedy żołnierz uderzył w krzesiwo trzy razy, przybiegł do niego pies o oczach wielkich jak wieże. I jego także żołnierz poprosił o pieniądze i wkrótce miał przy sobie worek ze złotymi monetami.

Młodzieniec znów był bogaty! Wprowadził się do nowego wspaniałego domu, kupił eleganckie stroje i żył w dostatku.

Pewnego dnia do miasta zawitał król z królową i piękną księżniczką. Żołnierz bardzo pragnął poznać królewską córkę, lecz wiedział, że król strzeże jej jak oka w głowie. Pewnej nocy żołnierz ponownie wezwał psa z oczami wielkimi jak talerze i rozkazał mu porwać księżniczkę. Pies spełnił jego rozkaz i wrócił z księżniczką na grzbiecie. Jednak dama towarzysząca księżniczce śledziła psa aż do domu żołnierza, po czym pognała do króla i królowej opowiedzieć im o porwaniu.

Król i królowa wpadli we wściekłość. Kiedy odnaleźli córkę w domu żołnierza, rozkazali go natychmiast aresztować i stracić na rynku.

Rano, gdy żołnierz siedział w więzieniu w oczekiwaniu na swój koniec, przez kraty okienka jego celi wpadł bucik małego chłopca, który szedł pobliską ulicą.

– Czy mógłby mi pan oddać bucik? – zapytał chłopiec, wyciągając dłoń przez kraty.

– Oczywiście – odparł żołnierz. – Ale pod warunkiem że pobiegniesz do mojego domu i przyniesiesz mi krzesiwo, które leży na stole.

Chłopiec pognał do domu żołnierza i wkrótce dostał swój bucik z powrotem. Żołnierz zaś otrzymał krzesiwo i uśmiechnięty czekał dalej w celi, aż zostanie zabrany na rynek.

Po kilku godzinach zaprowadzono żołnierza na środek rynku. Wtedy młodzian poprosił, żeby spełniono jego ostatnie życzenie – pragnął ostatni raz zapalić fajkę.

Chłopiec wziął fajkę do ust i mocno uderzył w krzesiwo – wpierw raz, potem dwa, a na końcu trzy razy. Na rynku zrobiło się ciemno od dymu i wtem przed żołnierzem pojawiły się wszystkie trzy psy. Na rozkaz swojego pana psy pobiegły przez tłum w stronę króla i królowej.

Groźne bestie obezwładniły króla oraz jego straż. Ludzie w miasteczku byli pod wrażeniem potęgi żołnierza. Postanowili go uwolnić i obwołać nowym władcą. Następnego dnia chłopiec poślubił piękną księżniczkę.

Nowy król mógł zawsze liczyć na pomoc oraz obronę trzech wielkich psów. Do końca swoich dni mądrze władał krainą i pilnie strzegł swojego magicznego krzesiwa.

Dziewczynka z zapałkami

Był wieczór, wigilia Nowego Roku. Biedna mała dziewczynka, bosa, głodna i zmarznięta, błąkała się po ciemnych uliczkach. Płatki śniegu spadały na jej długie, rozwiane włosy. Miała ze sobą wiązkę zapałek, ale tego wieczoru nikt nie kupił

od niej żadnej zapałki, nikt nie rzucił jej nawet jednej monety.

Okno każdego domu w mieście jaśniało radosnym światłem, a zapach pieczonych gęsi rozchodził się wokół. Dziewczynka usiadła w zacisznym miejscu za domami, podkuliła nogi, jednak ciągle nie mogła się rozgrzać.

Nie odważyła się wracać do domu, wiedząc, że surowy ojciec sprawi jej lanie za to, że nie sprzedała ani jednej zapałki, i nie zarobiła ani grosika. Poza tym w jej rodzinnym domu było prawie tak zimno jak na ulicach.

Jej dłonie były zlodowaciałe. Jeśli zapaliłaby zapałkę, z pewnością ogrzałaby je trochę. Potarła więc jedną z nich o mur. Rozbłysło ciepłe światło jak płomień świecy. Poczuła się, jakby siedziała obok pieca. Ogienek płonął raźno, rozprostowała nóżki, by i je ogrzać. Wtedy płomień zgasł, zostawiając ją znowu na zimnie.

Dziewczynka potarła następną zapałkę i dzięki jej światłu mogła zajrzeć do ciepłej kuchni jednego z domów. Zobaczyła stół nakryty do wieczerzy. Stał na nim półmisek z pieczoną gęsią nadziewaną jabłkami i śliwkami. Nagle gęś zeskoczyła ze stołu i zatrzymała się tuż przed dziewczynką. Wtedy jednak zapałka zgasła, a przed nią znów był tylko gruby mur.

Zapaliła więc trzecią zapałkę. Po raz kolejny jej blask sprawił, że znalazła się w ciepłym domu. Tym razem siedziała przed bożonarodzeniową choinką. Tuziny świeczek jaśniały na gałązkach, a malowane figurki spoglądały na nią z góry. Kiedy wyciągnęła rękę w stronę lalek, zapałka zgasła jak poprzednie.

Ale chociaż zapałka wypaliła się, choinkowe świeczki lśniły nadal coraz wyżej i wyżej, wyglądały jak gwiazdy na niebie. Wtem jedna z gwiazd spadła, pozostawiając za sobą czarodziejski ogon.

– Właśnie ktoś umiera – wyszeptała dziewczyna.

– Tak mawiała jej babunia, która jako jedyna na całym świecie była dla niej dobra. Powiedziała kiedyś, że gdy z nieba spada gwiazda, jedna duszyczka wznosi się do Boga.

Zapalając o mur kolejną zapałkę, dziewczynka ujrzała swoją babunię tak jasną i szczęśliwą, jakiej nigdy nie widziała za życia.

– Och, babciu – zaszlochała – weź mnie ze sobą! Wiem, że opuścisz mnie, jak tylko wypali się zapałka, znikniesz jak ciepły piec, uczta i piękna choinka!

Powiedziawszy to, biedna dziewczynka potarła o mur wszystkie swoje zapałki. Paliły się jaśniej niż popołudniowe słońce. Babcia wzięła ją w ramiona i razem wzniosły się szczęśliwe do nieba.

Leciały coraz wyżej i wyżej, aż znalazły się w miejscu, gdzie ani głód, ani chłód, ani ból nie są znane, doleciały bowiem wprost przed oblicze Boga!

W mroźnym świetle wschodzącego poranka przechodzący ludzie znaleźli biedną mała dziewczynkę z zapałkami skuloną i zamarzniętą na śniegu.

Słowik

Dawno temu w dalekich Chinach żył sobie słowik, który urzekająco śpiewał. Cesarz i jego dworzanie nie wiedzieli nic o pieśniach słowika, ponieważ mieszkali w niedostępnym pałacu, największym na całej ziemi. Poza jego murami rósł dostojny las, który ciągnął się aż do brzegu morza. Tam właśnie mieszkał cudowny słowik i cieszył swoim śpiewem rybaków i załogi przepływających statków. Żeglarze w każdym porcie przekazywali wieść, że ten ptak jest największym skarbem Chin.

Pewnego dnia usłyszał o nim sam cesarz.

– Czemu nikt dotąd nie powiedział mi o tym słowiku? – zawołał. – Chcę go jeszcze dziś wieczorem usłyszeć, inaczej cały dwór zostanie ukarany!

Drżąc ze strachu, dworzanie rozbiegli się we wszystkie strony w poszukiwaniu ptaszka. Spotkali kuchcika, który słyszał kiedyś jego śpiew. Zabrał ich do słowika i wszyscy się zdumieli, że tak niepozorny ptaszek ma taki cudowny głos! Słowik zgodził się pójść z nim do pałacu.

Cały dwór był jak zaczarowany, słuchając śpiewu słowika. Cesarz zapragnął zatrzymać go w pałacu na zawsze. Dał mu więc złotą klatkę i dwunastu służących, aby dbali o niego i usługiwali mu.

Mały ptaszek śpiewał na dworze każdego dnia. Wkrótce wszyscy w Chinach nie mówili o niczym innym, jak tylko o jego urzekających trelach. Słowik jednak nie czuł się szczęśliwy w swojej klatce. Z całego serca pragnął powrócić do lasu.

Pewnego dnia cesarz otrzymał prezent od władcy Japonii. Dworzanie otworzyli szkatułkę, a w środku zobaczyli mechanicznego słowika zrobionego z diamentów, rubinów i szmaragdów. Kiedy go nakręcili, popłynęła piękna melodia. Cesarz był zachwycony i kazał nakręcać ptaka raz po raz.

Podczas gdy dwór zajęty był podziwianiem mechanicznego ptaszka, żywy słowik odleciał do lasu. Kiedy zauważono jego zniknięcie, skazano go na wieczne wygnanie z pałacu. Nową zabawkę zaś postawiono na jedwabnych poduszkach obok łoża cesarza. Nakręcany ptaszek wyśpiewywał swoje melodie po sto razy dziennie.

Któregoś razu zaczęły wydobywać się trzaski ze środka zabawki i w końcu mechaniczny ptak przestał śpiewać. Wezwano nadwornego lekarza, zegarmistrza oraz wszystkich cesarskich doradców. Nikt jednak nie wiedział, jak naprawić zabawkę.

Cesarz rozchorował się i nie wstawał z łoża, a dworzanie bali się, że umrze.

Wiadomość o chorobie władcy rozeszła się poza murami pałacu i dotarła też do słowika. W nocy przyleciał on pod okno komnaty cesarza i zanucił jedną ze swoich najpiękniejszych piosenek. Kiedy władca to usłyszał, z wrażenia usiadł na łóżku.

Następnego dnia rano cesarz był uśmiechnięty i całkiem zdrowy. Dworzanie zachodzili w głowę, co go tak odmieniło. Cesarz poprosił, żeby słowik śpiewał tylko wtedy, kiedy sam będzie miał na to ochotę. Ptaszek zaś chciał, żeby o jego odwiedzinach nikt nie wiedział. Oto cała tajemnica dobrego samopoczucia cesarza.

Księżniczka na ziarnku grochu

W dalekiej krainie żył sobie królewicz, który pewnego dnia stwierdził, że niczego nie pragnie bardziej, niż poślubić prawdziwą księżniczkę. Jego rodzice – król i królowa – zgodzili się, że nadszedł czas, aby ich syn się ożenił. Życzyli mu więc powodzenia w poszukiwaniach żony.

Przez kolejne dwa lata młodzieniec podróżował, szukając wymarzonej wybranki. Był jednak bardzo wybredny i choć podczas podróży poznał wiele pięknych panien z książęcych rodów, zawsze znajdował coś, co mu w nich przeszkadzało. Uważał, że są zbyt niskie lub zbyt wysokie. Za chude lub też za grube. Zbyt radosne, zbyt ponure, a nawet przesadnie miłe!

Poszukiwania spełzły na niczym, więc zawiedziony i przygnębiony królewicz wrócił do domu.

– Nie martw się – pocieszała go królowa. – Wiem, że bardzo cierpisz, ale jestem pewna, że wkrótce znajdziesz odpowiednią księżniczkę.

– Do tego czasu pewnie się zestarzeję – narzekał nieszczęśliwy królewicz.

– Nie masz powodów do smutku! – powiedział król. – Nadal jesteś młody, przystojny i zamożny. Na pewno wkrótce poznasz jakąś miłą dziewczynę.

– Ale kiedy? – odparł melancholijnie królewicz.

Z czasem król i królowa mieli dosyć utyskiwań swego syna (który, przyznacie, zachowywał się jak rozpieszczone dziecko) i postanowili wysłać go do jednej ze swoich rezydencji, żeby wypoczął.

Jakiś czas później, pewnej nocy, rozpętała się okropna burza. Jeden za drugim dudniły grzmoty, a niebo przecinały błyskawice. Deszcz dzwonił o szyby i słychać było przeraźliwe zawodzenie wiatru.

Nagle wśród odgłosów szalejącej burzy rozległo się pukanie do zamkowych wrót. Królowa otworzyła je i ujrzała przed sobą młodą dziewczynę, która trzęsła się z zimna.

– Na litość boską! – zawołała królowa. – Wybrałaś sobie okropną porę na spacer. Przemokłaś do suchej nitki. Wejdź do środka, znajdziemy dla ciebie jakieś suche szaty.

– To bardzo miło ze strony Waszej Wysokości – odpowiedziała nieznajoma.

Królowa zaprowadziła ją do garderoby, gdzie dziewczyna mogła się wysuszyć, przebrać i ogrzać przy ogniu.

– Czy mieszkasz w okolicy? – zapytała.

– Nie, Wasza Wysokość – odparła dziewczyna. – Jestem księżniczką z sąsiedniej krainy. Moja kareta ugrzęzła w błocie na drodze niedaleko stąd.

Rozmawiały długo i serdecznie i królowa doszła do wniosku, że księżniczka byłaby idealną żoną dla jej syna. Nie była ani zbyt niska, ani zbyt wysoka. Ani za gruba, ani za chuda. Nie była też zbyt radosna ani zbyt ponura. I choć zdawała się bardzo miła, nie była też przesadnie miła. Jednak królowa wiedziała, że królewicz nie zniósłby kolejnego rozczarowania, musiała więc się upewnić, że ma do czynienia z prawdziwą księżniczką. Wtedy wpadła na pewien pomysł.

– Moja droga – powiedziała – nie możesz podróżować w taką koszmarną pogodę. Nalegam, abyś przenocowała w zamku. Zaraz poproszę służące, by przygotowały dla ciebie łóżko w jednej z naszych gościnnych komnat.

– Jestem bardzo wdzięczna Waszej Wysokości – powiedziała dziewczyna i dygnęła, po czym oddaliła się, by wziąć gorącą kąpiel.

Królowa poleciła służącym zebrać tyle materaców i pierzyn, ile tylko uda im się znaleźć, a następnie ułożyć je wszystkie jedne na drugich na łóżku w komnacie dla gości. Potem udała się do zamkowej spiżarni i wyjęła ze słoja ziarnko grochu. Wręczyła ziarenko jednej ze służących i kazała je położyć pod materacami, na samym dole.

Łóżko było teraz tak wysokie, że księżniczka musiała się na nie wspiąć po drabinie!

Rankiem królowa zapytała księżniczkę, jak się jej spało.

– Nie najlepiej – odparła zbolała dziewczyna. – Całą noc nie zmrużyłam oka. Jakaś mała grudka uwierała mnie w plecy i nie dawała zasnąć.

Taką właśnie odpowiedź miała nadzieję usłyszeć królowa. Jedynie prawdziwa księżniczka może wyczuć ziarnko grochu przez tyle materaców i pierzyn.

Kiedy królowa przedstawiła księżniczkę swojemu synowi, młodzi od razu przypadli sobie do gustu.

– Nie jest ani zbyt niska, ani zbyt wysoka – wyznał królewicz rodzicom. – Ani za gruba, ani za chuda. Nie jest też zbyt radosna, zbyt ponura ani przesadnie miła. Jest moją wymarzoną księżniczką!

Księżniczka i królewicz szybko wzięli ślub, a ziarnko grochu umieszczono w specjalnej gablocie w muzeum. Od lat mieszkańcy krainy z radością opowiadają przyjezdnym słynną historię o księżniczce na ziarnku grochu.

Projekt graficzny: Joanna Wasilewska/WO

Dressler Dublin sp. z o.o.
05-850 Ożarów Mazowiecki
ul. Poznańska 91
wydawnictwo@dressler.com.pl
www.wydawnictwo-olesiejuk.pl

Dystrybucja: www.dressler.com.pl
Księgarnia internetowa: www.swiatksiazki.pl

Druk: Techgraf